FONDATION EUGÈNE PIOT

LES PREMIERS TEMPS DE L'ÉGYPTE

PAR

J. DE MORGAN

Extrait du tome XXV des *Monuments et Mémoires* publié par l'Académie des Inscriptions et Belles-Lettres
en l'honneur de Champollion

PARIS

ÉDITIONS ERNEST LEROUX

28, RUE BONAPARTE, 28

—

1922

LES PREMIERS TEMPS DE L'ÉGYPTE

PAR

J. DE MORGAN

Extrait du tome XXV des *Monuments et Mémoires* publié par l'Académie des Inscriptions et Belles-Lettres
en l'honneur de Champollion

PARIS

ÉDITIONS ERNEST LEROUX

28, RUE BONAPARTE, 28

1922

LES PREMIERS TEMPS DE L'ÉGYPTE

Il y a cent ans au plus, bien que la tradition fît de l'Orient asiatique et de l'Égypte le berceau de la civilisation moderne, nos historiens en étaient encore réduits aux récits d'Hérodote et aux lambeaux des œuvres de Bérose, de Manéthon et de Sanchoniaton, quand les grandes découvertes de l'épigraphie sont venues ouvrir des champs nouveaux à l'histoire. Les fables sont devenues des réalités et, peu à peu, les annales des dynasties oubliées sont sorties du néant. Ce fut une révolution dans la connaissance du passé.

Mais, en même temps que se dévoilait l'histoire de l'humanité, basée sur des écrits contemporains des faits, celle de notre propre globe cédait aux efforts des géologues, et, bientôt, toutes les branches de la science concourant à la recherche des origines, nous nous sommes trouvés à même de reconstituer, par la pensée, la vie aux divers âges de notre planète, d'affirmer l'existence de l'homme en des temps si lointains, que l'esprit se perd au milieu de millénaires dont il n'ose pas évaluer le nombre.

Au cours de cette merveilleuse période qui a précédé notre génération, avec la naissance de la méthode, toutes les sciences, en un seul bond, sont venues déchirer les voiles qui, pendant tant de siècles, avaient caché la vérité. Boucher de Perthes ouvrait la voie aux recherches préhistoriques, en même temps que Champollion arrachait leurs secrets aux monuments de l'Égypte. que Cuvier créait la paléontologie, qu'une multitude de savants faisaient parler le sol, la nature elle-même.

Dès que l'histoire de l'homme sortit des barrières dans lesquelles nos ancêtres la tenaient enfermée, les études des phénomènes sur-humains apportèrent des éléments nouveaux d'appréciation, montrèrent les sociétés primitives luttant pour la vie, obéissant aux lois impérieuses de la nature. On sut bientôt rétablir les conditions dans lesquelles, aux diverses époques, nos antiques précurseurs ont vécu, expliquer leurs migrations, leur développement plus intense et plus rapide en certaines régions que dans d'autres : c'était là défricher le terrain avant de le livrer aux historiens.

Quand on étudie l'évolution d'un groupe humain, la première pensée doit être de chercher à rétablir le milieu naturel dans lequel ce peuple a vécu, de reconstituer, en s'appuyant sur des observations précises, l'histoire de ce sol sur lequel il s'est développé, d'analyser les ressources naturelles qu'il lui offrait au cours des diverses phases de sa vie, de reconnaître les dangers auxquels il était exposé, les besoins qu'il n'était pas à même de satisfaire. Qui ne sait pas ces choses n'est pas à même d'écrire une histoire philosophique ; il doit se contenter des récits anecdotiques, ainsi qu'on le faisait avant le xixe siècle.

Ce sol, sur lequel nous vivons, est, à tous points de vue, d'une mobilité extrême : son relief, son climat, sa flore, sa faune se modifient sans cesse. Mais, le plus souvent, l'amplitude de ces phénomènes est trop vaste pour que, dans notre courte vie, nous en puissions percevoir les conséquences ; cependant, ces effets se font sentir au cours des siècles, influent sur les peuples, et fréquemment, à leur insu, leur imposent leurs destinées.

L'Égypte pharaonique n'aurait pas été, pendant des siècles et des siècles, le sanctuaire des dieux, celui du repos de l'esprit et de l'âme si, par sa nature, la vallée du Nil n'avait développé chez ses habitants les sentiments mystiques, la quiétude, le goût pour les œuvres de la paix.

Rien n'est plus intéressant, plus instructif, que de suivre à travers les âges l'histoire physique de cette contrée privilégiée, que de voir son climat se modifier, ses ressources naturelles se transformer, que de retrouver dans la disposition même de ses terres fertiles, dans leur répartition, l'origine de ses divisions politiques et religieuses, les causes de la formation de son empire, les raisons de son expansion extérieure, de son commerce, de son influence sur les autres nations.

Ces données naturelles, on en retrouve les conséquences dans l'histoire elle-même, dans les restes qui nous ont été laissés par les colons des premiers âges, comme dans ces innombrables inscriptions dont les rochers et les monuments sont couverts.

Pour beaucoup, les usages qui nous sont révélés par les fouilles archéologiques n'ont pas encore été expliqués, certains ont survécu pendant des milliers d'années, d'autres ont disparu de bonne heure, parce que leur utilité ne se faisait plus sentir ; mais ne perdons pas patience ! la préhistoire égyptienne est encore dans l'enfance ; elle n'a pas plus de vingt-cinq ans, son dernier mot est loin d'être dit.

Aucune inscription, sans doute, ne viendra nous éclairer sur la vie que menaient les Égyptiens avant l'aurore des temps pharaoniques, ne nous facilitera l'interprétation des traditions légendaires ; c'est donc à l'archéologie seule que nous devons avoir recours, mais l'archéologie soutenue par ces mêmes traditions, par la géologie, par la météorologie, par la connaissance des faunes et des flores aux divers temps. Là est la préface de l'histoire, préface indispensable ; car, pour la plupart, les conceptions pharaoniques ont pris naissance au cours des périodes sans annales.

Cette préface, il importe de la faire débuter bien au delà des temps, encore fabuleux, des dynasties dites divines, au delà des plus anciennes traces laissées par l'homme dans les alluvions, à l'époque de ces précurseurs de l'*homo sapiens,* être dont l'existence n'est encore fondée que sur des déductions zoologiques, que sur

des raisonnements. Il faut suivre, pas à pas, la constitution du sol
égyptien, le creusement de sa vallée, le comblement de ce golfe au
fond duquel se développait lentement l'estuaire du Nil à l'aurore de
la période moderne. Il faut évoquer la genèse même de la terre des
Pharaons.

I

Constitution du sol égyptien et formation de la vallée du Nil.

Après des milliers d'années d'incessants efforts, la nature venait
d'achever sa tâche, en répandant sur la terre ses chefs-d'œuvre
zoologiques ; grâce à de formidables poussées des forces internes,
les continents avaient pris leurs formes principales. Quelques millénaires encore, et l'homme doué de raison, l'*homo sapiens,* paraîtrait.

Cet *homo sapiens* était un être bien barbare, bien primitif, quand
il taillait dans le silex ces outils grossiers qui témoignent aujour-
d'hui de son passage sur le globe ; pourtant il avait eu lui-même
des ancêtres plus primitifs encore, et ces êtres avaient disparu sans
laisser de traces manifestes de leur vie. Toutefois, bien que nous ne
possédions aucune preuve matérielle de son existence, les lois
immuables de la nature nous imposent le devoir de croire qu'il a
vécu mélangé avec les animaux, ne constituant qu'un des éléments
de cette riche faune des vertébrés terrestres des périodes tertiaires,
luttant contre les bêtes sauvages pour la conservation de sa vie,
cherchant sa nourriture parmi les végétaux et le gibier qui l'entou-
raient, dans les luxuriantes campagnes de la phase pliocène. Là,
repoussant les attaques des fauves, des sauriens et des serpents,
adversaires si redoutables et si nombreux à cette époque, il campait,
probablement, dans de grossiers abris de branchages, dans des nids
semblables à ceux que se construisent les animaux, ou se réfugiait
dans les arbres, tout comme les grands simiens, ses contemporains,
qui, par de très lointaines alliances, paraissent être un peu ses
congénères.

Vers cette époque, et avant même, dans cette région qui, plus tard, sera l'Égypte, le sol s'était effondré suivant deux lignes sensiblement parallèles. La mer Rouge s'était formée, séparant l'Afrique de l'Asie, et la dépression nilotique laissait pénétrer au loin, vers le Sud, dans un golfe étroit, une sorte de fjord, les eaux de la mer Méditerranée. Les vagues venaient alors battre les flancs des falaises du Mokattam et le pied des coteaux de la Moyenne Égypte.

Certes les abords du golfe nilotique ne présentaient pas l'aspect qu'offrent aujourd'hui les collines qui bordent la vallée : leurs pentes n'étaient pas, comme de nos jours, brûlées par le soleil ; de nombreuses rivières arrosaient les vallons, alimentées qu'elles étaient par des pluies fréquentes et abondantes ; car la fin des temps tertiaires s'est fait remarquer par l'abondance des précipitations atmosphériques. Cet état de choses se prolongea durant les temps pléistocènes, à l'époque de l'homme d'industrie paléolithique. Dans l'hémisphère boréal tombaient des pluies torrentielles dont les averses tropicales ne donnent qu'une faible idée, et ces eaux, entretenant la fraîcheur, favorisaient le développement d'une intense végétation. En Égypte, en Syrie, en Mésopotamie, l'aspect du sol était, à peu de chose près, celui que présentent aujourd'hui les rives afkhatiennes du Pont-Euxin ou des pentes septentrionales de l'Elbourz. Le climat était doux et la vie facile, au milieu des trésors dont la nature comblait les lointains ancêtres des peuples orientaux. Assurément les hommes ne devaient pas être bien nombreux à cette époque, leurs tribus étaient clairsemées ; mais ils avaient entre eux certains liens de parenté surprenants ; tous, depuis le cap de Bonne-Espérance jusqu'au versant méridional de l'Arménie, depuis l'Espagne et le Maroc, la Gaule, jusqu'au pied du plateau iranien, faisaient usage d'une même arme, d'un même outil : le « coup de poing » chelléen.

Lors des dernières convulsions de l'écorce terrestre, il s'était formé dans l'Afrique centrale un grand nombre de cuvettes sans issue, entourées de hautes montagnes, et bientôt, par suite de l'extrême abondance des pluies, ces bassins fermés étaient devenus d'immenses lacs, dont le niveau montait toujours. Enfin, quand les eaux eurent atteint les cols des digues irrégulières qui les emprisonnaient, rompant leurs barrières, elles se précipitèrent en aval, entraînant, dans leur fureur, les eaux des lacs situés en dessous des réservoirs les plus élevés. Ce fut une effrayante débâcle, auprès de laquelle celles de nos lacs glaciaires, même les plus terribles, celles de l'Alaska, par exemple, semblent être presque bénignes.

A bien des reprises, en raison de ces débâcles des lacs, de formidables trombes d'eau ravagèrent les plaines aujourd'hui désertiques de l'Égypte. La terre végétale, les herbages, les forêts, les animaux, les hommes eux-mêmes, tout fut entraîné à la mer par ces courants impétueux. La croûte terrestre elle-même fut érodée, arrachée, creusée profondément; ses débris, semés dans la plaine, et jusque sur les plus hautes collines, attestent la puissance de ces inondations. C'est alors que se creusèrent les vallées aujourd'hui sèches et leurs innombrables ravins, que s'ouvrit le Bahr-béla-Mâ des Arabes, ou « fleuve sans eau », vaste dépression longue de plus de mille kilomètres, parallèle à la direction générale du Nil.

C'est dans cette vallée que Mariette, sans l'avoir visitée d'ailleurs, plaçait le lieu d'incubation de la culture pharaonique, le berceau du peuple égyptien. Le Nil, pensait-il, avait d'abord coulé dans cette longue dépression; puis, changeant de lit, par suite de la rupture des barrages de Nubie, il avait adopté la vallée dans laquelle nous le voyons de nos jours.

C'était une grave erreur, car le Bahr-béla-Mâ n'est autre qu'un large et long chenal creusé par la violence de trombes qui, une fois écoulées, n'ont pas laissé après elles le moindre filet d'eau. Aucune rivière n'a jamais coulé, d'une façon permanente, dans ce grand *oued,* dont le fond ne contient pas la moindre trace de terre végétales, le plus petit vestige d'une faune terrestre ou fluviale.

Dans les régions égyptiennes, comme dans beaucoup d'autres pays d'ailleurs, le désastre fut complet : l'homme disparut, ne laissant comme témoignages de son existence qu'une multitude de grossiers instruments de silex (chelléo-moustiériens) semés au hasard dans les alluvions. Sur des milliers de kilomètres, à droite comme à gauche de la vallée du Nil, ce ne furent plus que solitudes, qui peu à peu sont devenues arides, brûlées par les ardeurs du soleil, couvertes de galets et de graviers. Ce désert s'étend des rives du Nil à celles du Tchad. On n'y voit aucun oiseau, aucun insecte, pas un moucheron, pas un brin d'herbe et, dans cette morne immensité, circulent, au gré des vents, de gigantesques vagues de sable dont la longueur dépasse parfois cent kilomètres et la hauteur trente ou quarante mètres.

Au milieu de ce royaume de la sécheresse et de la désolation serpente un ruban vert : c'est l'œuvre féconde du Nil qui, conscient de sa puissance, toujours bienfaisant, coule vers la mer, semant, dans son étroit domaine, toutes les richesses de l'Afrique tropicale, appelant les animaux vers ses rives, invitant l'homme à venir profiter d'aussi grands biens.

Certainement la vallée du Nil n'a pas été sans jouer un rôle analogue à celui du Bahr-béla-Mâ lors des grandes inondations quaternaires ; mais, alors que toutes les vallées s'asséchaient immédiatement après le passage des divers flots, le Nil choisissait son domaine et, peu à peu, remplissant de ses alluvions le fjord au fond duquel, au début, se trouvait son embouchure, graduellement il en chassa les eaux salées.

Puis, après les grandes inondations, commença la période d'assèchement, qui se continue encore de nos jours. Les pluies se faisant de plus en plus rares, dans cette partie de l'Afrique, sources et ruisseaux se tarirent ; et ces vallons étaient à sec quand l'homme est revenu dans la vallée du Nil ; car, dans aucun ravin, on ne rencontre de traces d'habitation contemporaine de la colonisation néolithique et énéolithique de l'Égypte.

Dès lors, le rôle du Nil fut définitivement fixé, comme voie de départ à la mer des eaux tombées dans la région tropicale et, depuis ce temps, les grands lacs de l'Afrique équatoriale jouent le rôle de régulateurs de la distribution des crues annuelles du fleuve. Aucun cours d'eau, dans sa conduite, n'est aussi régulier. Le Nil, doué d'une pareille sagesse, dispensateur de la fertilité, bienfaisant avec une persistance qui défie les siècles, n'ayant jamais trompé l'attente des hommes, ne pouvait être qu'un dieu.

II

La colonisation de la vallée du Nil.

Pendant combien de siècles, de millénaires, la vallée du Nil est-elle demeurée sans habitants à la suite du cataclysme diluvien : nous l'ignorons, de même que nous ne pouvons pas évaluer la durée des phénomènes qui ont été la cause du désastre. Tout ce qu'il est permis de dire, c'est qu'en Égypte, comme dans le reste du monde, les grands événements quaternaires partagent en deux parties bien distinctes l'histoire de l'humanité, tout comme l'indiquent la Genèse et les vieilles légendes de la Chaldée. La première de ces deux phases de l'évolution humaine est du domaine de la fable, ou, pour nous, modernes, de la géologie ; la seconde appartient à l'histoire, dont elle est la préface.

Cependant, lors de ce grand cataclysme, toute l'humanité n'avait pas disparu, il s'en faut de beaucoup : des familles, des tribus avaient, dans bien des lieux, échappé à la mort, soit qu'elles eussent eu le temps de fuir, soit que leurs cantonnements fussent situés à l'abri des eaux, comme, par exemple, dans le Centre et le Midi de la France, en Espagne, dans le Nord de l'Afrique. Mais la région égyptienne n'offrait pas de semblables ressources à sa population ; là, pas de hauteurs qui n'eussent été balayées par les inondations, puisque les points culminants eux-mêmes sont recouverts de cailloux roulés, pas de cavernes où se réfugier. C'est pourquoi jamais on n'a trouvé en Égypte la moindre trace d'industrie archéolithique, quoi qu'en aient pu dire quelques préhistoriens, en vertu de déterminations erronées. D'ailleurs l'existence dans la vallée du

Nil de quelques familles de survivants au déluge n'aurait qu'une importance très secondaire, car ces autochtones, si jamais ils ont existé, n'ont certainement pas joué un rôle prépondérant dans le repeuplement de la vallée du Nil et surtout dans l'évolution intellectuelle du peuple égyptien. Jusqu'ici nous sommes donc amenés à penser que toute la région comprenant l'Égypte, la Mésopotamie et le désert syro-arabique, a été complètement dépeuplée, comme le Somal, l'Hindoustan, de vastes régions de l'Occident européen, et, probablement aussi l'Égéis avant sa disparition sous la mer. Dans ces pays, pour qu'on puisse faire entrer en scène des survivants au déluge, il faudrait trouver non seulement des traces d'industrie archéolithique, mais une succession de civilisations analogues à celles que nous rencontrons dans l'Occident de l'Europe, entre la culture des gens du Moustier et la venue des métallurgistes du cuivre ; car l'hiatus oriental comprend une très longue période.

Pendant que les possibilités de vivre disparaissaient dans l'Asie antérieure méridionale, la majeure partie de l'Arabie et les déserts africains, la vallée du Nil, grâce au limon du fleuve, devenait l'une des régions les plus plantureuses de la terre. Elle ne le cédait, sous ce rapport, en rien à la Chaldée, ce Paradis terrestre de la tradition.

Peu à peu, les animaux de la zone tropicale, en suivant les bords du fleuve, étaient venus se fixer dans les forêts, dans les broussailles, dans les marais de la vallée du Nil, et les grands ennemis des herbivores et de l'homme, le lion, le léopard, l'hyène, le loup, avaient suivi le gibier ; l'hippopotame et le crocodile s'étaient établis dans les eaux ; l'autruche, l'antilope parcouraient les limites du désert et, dans cet étroit espace, grâce à la fertilité du sol, les bêtes sauvages se pressaient, innombrables. Tous les oiseaux d'eau se donnaient rendez-vous dans les marais, le fleuve nourrissait des poissons en abondance, des salmonidés géants, et, chaque année, une multitude d'oiseaux voyageurs s'arrêtait dans ce lieu de repos.

C'est alors que, dans ce milieu si propice, sont arrivés des

hommes, les premiers colons, les précurseurs des Égyptiens pharaoniques. Ils venaient on ne sait d'où, du pays de Pount,
affirment beaucoup d'égyptologues, de cet Eden mystérieux et lointain où, bien des siècles plus tard, la reine Ata-Sou envoya ses
vaisseaux ; malheureusement nous ignorons tout de ce pays de
Pount, jusqu'à sa position géographique, et les archéologues sont
plutôt d'avis que les proto-Égyptiens sont venus de l'Asie antérieure, de ce foyer septentrional, par rapport à l'Égypte, dont
l'importance domine pendant bien des siècles les pauvres civilisations africaines.

Avant d'assigner telle ou telle origine aux peuples qui, les premiers, après le cataclysme quaternaire, sont venus se fixer sur les
rives du Nil, il importe de savoir distinguer les pays demeurés
déserts pendant toute la durée de l'hiatus, de ceux dans lesquels
l'humanité a pu se maintenir et prospérer. Or, nous sommes bien
mal renseignés à cet égard : les questions relatives au dépeuplement
et au repeuplement des continents n'étant posées que depuis quelques
mois, bien des recherches, indispensables pour qu'il soit permis
de conclure, sont encore à faire.

Cependant nous savons que, dans le Nord de l'Afrique, en
Tunisie entre autres, l'homme a survécu au déluge, et il est
croyable que, dans le premier noyau des colons de l'Égypte, se
trouvaient de ces gens, des Libyens : quant aux autres sources
de repeuplement, elles sont tellement indécises, que mieux est de
les laisser dans le vague.

Nous sommes donc amenés à penser — mais ce n'est là qu'une
conjecture —, qu'une première colonisation s'est produite dans des
temps extrêmement reculés, que des hommes dont l'industrie était
probablement néolithique se sont cantonnés çà et là, sur les deux
rives du Nil, en des points favorables à la vie, et au Fayoum,
auprès de ce lac si poissonneux qui, jadis, s'étendait, dans cette
vaste dépression, sur une surface cinq ou six fois plus grande que
de nos jours. Le delta, alors en formation, n'offrait encore que des

îlots boueux et des marécages, merveilleux terrain de chasse et de pêche, mais presque inhabitable.

L'existence, dans la vallée du Nil, d'un fonds très ancien de population n'est pas démontrée par des faits matériels ; car, parmi les nombreuses stations de la pierre polie qu'on rencontre aussi bien dans la vallée qu'au Fayoum, il n'en est pas une seule qui paraisse être antérieure à la phase prédynastique de l'industrie du cuivre. Cependant, parmi les nombreux objets appartenant à cette dernière période, spécialement dans la céramique, il en est qui présentent des caractères très particuliers, assurément étrangers aux goûts qui se manifesteront, plus tard, chez les pharaoniques, goût différents de ceux de l'Asie aux mêmes époques ; on est donc en droit de penser que des tribus, d'origines diverses, sont intervenues avant ou pendant la période de l'industrie du cuivre et qu'elles ont apporté leur contribution à l'œuvre d'ensemble. Dans la suite, leur influence s'est sinon complètement perdue, du moins noyée dans un courant cultural plus puissant que le leur.

Que s'était-il passé en Asie pendant que l'Égypte se peuplait ainsi peu à peu ? Il suffira de rappeler que des peuples asianiques avaient envahi toute la Mésopotamie, et que l'un d'entre eux, auquel nous donnons le nom de Sumériens, après avoir colonisé le delta des deux fleuves, alors en formation, tout comme celui du Nil, donna l'hospitalité à des hommes venus du Sud dans leurs barques : les Akkadiens, gens d'un parler inconnu jusqu'alors en Chaldée, actifs, entreprenants, qui bientôt allaient faire des esclaves de leurs bienveillants hôtes.

Couverte d'une végétation intense, mais encore peu étendue en ces temps de conquête des limons sur la mer, la Chaldée ne suffisait probablement pas alors à nourrir sa population sumérienne, et l'immigration sémitique vint encore accroître ses embarras. Quelques tribus, probablement mélangées d'Asianiques et d'Akkadiens, émigrèrent en remontant le cours de l'Euphrate, les unes s'établirent dans les pays accidentés du Haurân, d'autres dans les vallées de la

Syrie, alors qu'une bande nombreuse se dirigeait vers la vallée du Nil par le Sinaï.

Tout ce qui peut être dit sur cette migration et sur le chemin qu'ont suivi les colons ne peut être encore qu'hypothétique ; mais les événements qui se sont succédé par la suite indiquent clairement le chemin de l'Euphrate et de la Syrie, et nous n'avons pas de raisons plausibles pour en chercher un autre.

La vallée du Nil était véritablement alors un lieu de délices : la douceur et la constance de son climat, la fraîcheur que répandait son grand fleuve, les débordements réguliers de ses eaux, la prodigieuse fertilité de ses limons, toutes les forces bienfaitrices de la nature, concouraient à rendre la vie plantureuse et facile dans ce long ruban de terres. Ni de l'Orient, ni de l'Occident, l'Égyptien n'avait à craindre les attaques : les sables du désert lui tenaient lieu d'infranchissables murailles. Le Delta et le Haut-Nil était assurément à surveiller, car, de ce côté, pouvaient se présenter des hordes menaçantes, comme le fait eut lieu plus tard lors de l'invasion des Hyksos ; mais il était aisé d'assurer la sécurité de l'Égypte en occupant le Sinaï, en veillant sur la Palestine ; et cette situation privilégiée ne fut pas sans exercer une grande influence sur le caractère du peuple et les destinées de la nation.

L'Égypte était alors bien loin de présenter l'aspect qu'elle offre de nos jours. Pendant ses crues périodiques annuelles, le fleuve s'étendait dans toute sa vallée et ses flots venaient lécher les limites du désert ; puis les eaux se retiraient peu à peu, laissant çà et là des marais plus ou moins étendus. Le Nil rentrait alors dans son lit, chenal irrégulier, variable, qu'il modifiait à chaque instant, lançant des bras de droite et de gauche, un jour formant des îles, les détruisant le lendemain, ici déposant des bancs de sable ou de galets, semés de quartiers de roches tombés des falaises, là se déchargeant de troncs d'arbres arrachés aux forêts, en formant des amas.

Les crues périodiques devaient achever l'œuvre commencée par la violence des eaux, tout d'abord en égalisant les pentes, puis en abandonnant des graviers et des sables, enfin en couvrant de limons ces substructions grossières, boues fines descendues des régions équatoriales, qui semblaient envoyées par les dieux pour faire la richesse de leurs adorateurs. Et, sur ce long ruban de terres fécondes, se développait une végétation d'une richesse inouïe, dont, au dire des botanistes, on ne rencontre plus aujourd'hui l'équivalence que sur le Haut-Nil, très en amont de Khartoum. Le dattier, le palmier doum, le figuier, l'acacia, le lentisque, et cent autres essences, croissaient entre les rives du fleuve et la bordure du désert, par massifs plus ou moins touffus, plus ou moins étendus. Ce n'étaient pas, à proprement parler, des forêts, mais bien des bouquets d'ombrages, des fouillis de buissons, refuges du gibier, alors que, dans les marais latéraux, fleurissaient sur les eaux calmes et sombres le lotus bleu, le lotus blanc, au milieu des papyrus et des roseaux géants. Les cucurbitacés très nombreux, très variés, couvraient le sol humide, et la vigne, aujourd'hui disparue de la vallée depuis des milliers d'années, enlaçait les grands arbres de ses pampres. Les céréales étaient encore peu connues, et les graminées diverses se montraient en Égypte bien moins abondantes qu'en Asie.

Parmi cette luxuriante nature vivaient les animaux les plus variés : c'étaient le bœuf, la chèvre, la gazelle, l'âne, l'antilope, dont l'homme tirait sa nourriture ; le lion, le loup, le chacal, le léopard, le guépard, l'uræus, la vipère à cornes, aussi dangereux ennemis des chasseurs que des troupeaux sauvages. Une multitude d'oiseaux d'eau s'ébattait dans les marais : canards et sarcelles, poules d'eau, voguaient au milieu des nénufars, sous l'œil des ibis rouges, des échassiers de toutes les couleurs, alignés sur les rives du marais, semblables à des soldats. Mais malheur à la barque qui s'aventurait dans ce dédale de plantes aquatiques, soit à la chasse, soit à la pêche ; car l'hippopotame et le crocodile, cachés dans la verdure, la guettaient pour la renverser, et les paisibles pêcheurs devenaient les victimes des horribles sauriens dont ils avaient fait ce dieu mauvais qui, plus tard, eut son temple à Ombos. Ainsi, au milieu de tous les biens que peut offrir la nature, le premier habitant de l'Égypte dut combattre sans cesse pour la conservation de sa vie ; mais il en était alors ainsi sur toute la terre, et dans les pays froids la lutte était plus pénible encore que dans la Chaldée et l'Égypte.

Pendant la période des basses eaux, les tribus descendaient dans la vallée, campaient dans les prairies, sur les bords des marais et du fleuve ; on semait des graines de plantes utiles, de graminées, dans la boue, dans les terres plus fermes, travaillées à la houe de silex ; on ramassait du bois pour les foyers domestiques, on récoltait les fruits des plantes sauvages, les végétaux textiles, on faisait sécher au soleil le poisson, fendu en deux, et les troupeaux s'ébattaient dans les clairières, s'aventuraient dans les fourrés, au risque d'être décimés par le roi du désert.

Quand le Nil venait à s'enfler, la population gagnait les limites du désert, abandonnait les terres noires pour les sables jaunes. C'est là, au bord de cette mer aux eaux troubles, que s'installaient ces gens, dans de modestes villages, composés de quelques huttes faites de roseaux et d'argile, entourés d'une palissade ; là que, dans des enclos, se réfugiaient les troupeaux, protégés pendant la nuit contre les attaques des lions, des loups et des crocodiles ; car, dès la tombée du jour, les sauriens quittaient leurs humides retraites et se répandaient dans les lieux habités, en quête de quelque proie à dévorer. De tous les ennemis des premiers habitants, le crocodile était certainement le plus redoutable : long parfois de quinze ou vingt pieds, couvert d'une impénétrable armure, ce dieu du mal était en quelque sorte invulnérable.

Les traces des principales agglomérations de ces premiers âges, pour la plupart, sont aujourd'hui enfouies sous les villes et les bourgades qui les ont remplacées ; aussi ne peut-on guère compter retrouver un jour les restes des premières colonies établies dans la zone des inondations. Il n'en est pas de même pour les villages primitifs bâtis sur les sables, à la lisière du désert: de petites buttes de terre noire se détachent sur l'étincelante couleur jaune d'or du désert : là sont les débris de la vie, les restes des huttes et des clayonnages et, dans la terre nitreuse produite par la décomposition des matières organiques, on rencontre en une abondance extrême les armes et les outils de silex, les tessons de vases, les os des animaux dont la chair nourrissait les villageois, avec de minuscules instruments métalliques: petits ciseaux, burins, têtes de harpons et hameçons de cuivre pur.

A côté du village était l'enceinte dans laquelle on rassemblait les troupeaux pour la nuit, bergeries primitives où les antilopes et les gazelles domestiquées, ou tout au moins apprivoisées, ont laissé des traces venant confirmer la rigoureuse exactitude des représentations sculptées sur les murs des mastabas de l'Ancien Empire.

Puis, dans les sables encore, à quelques centaines de pas des huttes, c'était la nécropole, où l'on apportait du village les morts, entourés de soins pieux. On les confiait aux collines arides, à des terrains que jamais n'atteignaient les eaux, repliés sur eux-mêmes, dans la position qu'ils occupaient, avant leur naissance, dans le sein de leur mère.

Si ces nécropoles, souvent immenses, ne répondent pas à l'exiguïté des bourgs dont nous retrouvons les ruines dans les sables, c'est que, peu à peu, les prépharaoniques se sont installés dans la vallée, sur des buttes artificielles ou naturelles, et que, par égard pour leurs morts, ces gens confiaient leurs restes à des terrains secs, capables de conserver les corps.

Ces villages et ces bourgades de la vallée, outre que, très souvent des agglomérations modernes les recouvrent, sont inaccessibles à nos recherches et le seront toujours, car, partout, le sol de la vallée s'est relevé et se relève encore, chaque année, par les apports des crues.

Cependant la vallée du Nil n'était pas partout semblable à elle-même. Par places, resserrée entre deux falaises, elle ne dépassait'

pas en largeur les rives du fleuve ; parfois aussi elle s'élargissait
d'un seul côté, comme à Ombos, ou des deux, comme à Thèbes, en
sorte que cette vallée longue d'un millier de kilomètres, de Syène
à Memphis, présentait l'aspect d'un long chapelet composé de districts habitables et de régions désertiques. Les terres fertiles
variaient d'étendue d'après les caprices du Nil, suivant que, par leur
position et leur nature, les collines se prêtaient ou non à la formation de la plaine sur la droite ou sur la gauche du fleuve : c'est
ainsi qu'à Gebel-Abou-Foda le Nil est, sur sa rive droite, bordé par
de hautes falaises, alors que, sur sa gauche, s'ouvre une vaste surface alluviale. Cette disposition des terrains favorables à la vie
obligea les colons à s'établir par groupes dans les districts privi-
légiés, et ces divisions territoriales devinrent plus tard des nomes ;
chacune eut son dieu favori, son régime politique et religieux, et,
dès les temps préhistoriques, orna ses barques de ses étendards.

En Chaldée, les mêmes causes amenèrent les mêmes effets. Ce
furent d'abord, chez les Sumériens, des divisions en clans, suivant
les progrès des terres sur la mer, et, plus tard, quand se fonda
l'empire, le régime féodal s'imposa.

En ce qui regarde la colonisation de la vallée du Nil et celle de
la Chaldée, on pourrait, avec quelque raison, réclamer pour
l'Égypte le droit de priorité sur l'Asie, si, pour un grand nombre
de faits, l'origine asiatique ne s'imposait pas : on sait que les
Égyptiens prédynastiques ont connu de bonne heure les céréales,
et que ces graminées sont de provenance mésopotamienne ; qu'ils
possédaient également des animaux d'origine asiatique, tels le mou-
ton et certaines variétés de bovidés ; que l'usage du cylindre-cachet,
dont la destinée a été longue en Chaldée, éphémère en Égypte, est
né dans le delta du Tigre et de l'Euphrate, par suite de la matière
en usage pour tracer l'écriture adoptée dans ce pays ; que les plus
anciens monuments pharaoniques sont construits sur la coudée
babylonienne. Bien des détails encore de la culture prépharaonique nous reportent vers l'Asie ; mais, de toutes ces raisons, la plus

décisive est la connaissance du cuivre, qui ne peut absolument pas être d'origine égyptienne, la région du Nil ne renfermant aucun gisement de minerais cuivreux.

Depuis que Lepsius a pris pour des monceaux de scories les amas de minerai de manganèse de Serabît-el-Kadem, au Sinaï, tous les archéologues et les égyptologues ont écrit que les mines de cuivre de la presqu'île sinaïtique ont alimenté l'Égypte pharaonique de métal. Or il n'en est rien, et n'en peut même rien être ; car, en dehors des gisements de turquoise, il n'existe pas de minerais cuivreux, au Sinaï, dans une proportion qui ait été industriellement exploitable, même au temps de la main-d'œuvre servile ; tout ce qui a été fait dans l'antiquité, a été de traiter les rares nodules cuivreux qu'on rencontrait en exploitant les grès dans le but d'y trouver des turquoises ; et la meilleure preuve qu'on en puisse fournir est que, dans ces derniers temps, une société industrielle anglaise, après plusieurs années de recherches et de travaux, a dû renoncer à toute exploitation des turquoises comme des minerais cuivreux, devant l'extrême pauvreté de ces gisements à tort si réputés.

La connaissance du cuivre n'est pas venue en Égypte par la voie du Nil ; car les Africains sont, pour la plupart, passés de l'industrie de la pierre polie à celle du fer, et les récentes fouilles en Nubie montrent que les gens de Méroë n'ont connu le cuivre que par leur commerce avec l'Égypte.

D'autre part, mes propres recherches dans les nécropoles de la Transcaucasie et le Nord-Ouest de la Perse, mes études sur ces régions, encore inconnues avant mes travaux, m'ont amené à conclure que le foyer de la métallurgie du cuivre a été dans les montagnes du Nord de l'Asie antérieure, ainsi que l'indiquent les traditions des Grecs et du peuple juif. C'est de là que la connaissance du cuivre s'est répandue dans toute l'Asie antérieure et qu'elle est venue dans la vallée du Nil.

On peut également soutenir que la culture chaldéenne et celle de l'Égypte ont une origine commune, mais se sont développées séparément et sans contact entre elles. En ce cas, dans quel pays se serait produite cette incubation initiale, dont nous ne trouvons de traces dans aucune région, et jusqu'à quel degré serait parvenue cette civilisation? Cette culture initiale était déjà fort avancée, si nous en jugeons par le degré qu'avaient atteint les premiers colons de Suse et d'Eridou (Tell-Abou-Chahreïn), par les notions communes à la Chaldée et à l'Égypte.

Assurément les deux civilisations ont une origine commune : la discussion repose donc non pas sur la communauté des débuts, mais bien sur le mode de diffusion de cette culture primitive. Est-elle venue directement dans la vallée du Nil, ou est-elle passée par la Chaldée? La nature et la précision des similitudes font pencher vers cette dernière hypothèse.

Certains égyptologues font grand état du pays de Pount, qu'ils placent en Arabie, alors qu'en réalité nous ignorons complètement à quelle région les Égyptiens donnaient ce nom, et font venir du Pount la civilisation de la vallée du Nil. Si l'on soutient cette thèse, on doit aussi faire sortir de ce mystérieux pays la civilisation chaldéo-élamite et, par suite, la connaissance du cuivre, hypothèse contraire non seulement aux plus anciennes traditions, mais aux résultats des découvertes dans la Transcaucasie et le Nord-Ouest de la Perse.

Que l'on adopte l'une ou l'autre de ces hypothèses, il n'en demeure pas moins certain que ni l'Élam, ni la Chaldée, ni la Syrie, ni l'Égypte ne sont des foyers primordiaux de la civilisation orientale, qu'il faut chercher ailleurs que dans ces régions le point de départ des cultures asiatique et égyptienne, et que nous commençons seulement à entrevoir le point où le progrès initial se serait produit et développé, d'où il a pu partir.

Il est bien difficile de dire quelle importance avait prise le repeuplement de la vallée du Nil, quand les colons que nous considérons comme issus de l'Asie sont venus apporter aux peuplades primi-

tives de l'Égypte les principaux éléments de la grande civilisation,
de préciser, parmi tant de conceptions diverses, quelle est la part
des plus anciens colons, quelle est celle des gens venus de l'exté-
rieur ; car les différentes stations préhistoriques montrent une
industrie si homogène, que le néolithique pur, si jamais il a existé
dans la vallée du Nil, n'est pas séparable de l'énéolithique. Certaines variétés de céramique et l'art de tailler le silex semblent
appartenir à des peuplades ayant précédé l'invasion des Asiatiques.
Mais certainement ce n'est pas dans la vallée du Nil que ces hommes
ont fait leurs premiers pas non plus dans ce genre de progrès.

Tout ce que nous pouvons affirmer, c'est qu'entre la Chaldée et
l'Égypte prédynastique il existe de nombreuses affinités, et qu'en
Chaldée on ne trouve aucune trace d'influence égyptienne : il n'y a
donc pas eu réciprocité dans les relations. Le goût égyptien est
tellement spécial, tellement caractéristique dès les temps prédynastiques, qu'il serait impossible de s'y méprendre s'il en existait
des témoins dans quelque pays que ce soit en dehors de la vallée
du Nil.

A quelle époque a pu se produire cette poussée des Asiatiques
vers la vallée du Nil ? Aucune donnée ne permet de la déterminer en
chronologie absolue ; mais on peut tenter de l'évoluer en chronologie relative.

En Chaldée, dès un temps fort lointain, deux éléments ethniques
et linguistiques se sont trouvés en présence : l'un nouvellement
arrivé, celui des Sémites, pénétrant et asservissant le plus ancien,
celui des Sumériens ; mais, sans aucun doute, cette fusion exigea
bien des siècles, plusieurs millénaires peut-être, et le mélange
paraît avoir été bien loin d'être accompli quand les Asiatiques se
sont présentés dans la vallée du Nil. L'élément dominant, chez les
envahisseurs, semble avoir été celui des Asianites Sumériens : ce
serait donc après l'époque de la première ville de Suse, au moment
de l'infiltration lente des Sémites en Chaldée, que ce mouvement
se serait produit. Certaines des conceptions importées dans la vallée

du Nil montrent qu'à cette époque l'Asie avait déjà atteint un degré de civilisation fort élevé pour ces temps.

Il ne faudrait pas croire, cependant, que les Asianites ne sont venus en Égypte qu'une seule fois ; il est probable que pendant de longues années, des siècles, ils ont essaimé en Syrie et sur les bords du fleuve divin, chaque essaim apportant des idées nouvelles.

III

Rapports entre la Chaldée et l'Égypte prédynastique.
Leurs antécédents communs.

On sait, aujourd'hui, qu'il faut attribuer aux Asianiques (Sumériens) les conceptions artistiques dont on retrouve les traces dès les temps les plus anciens de la Chaldée et de l'Élam, et que ce genre d'aptitude n'entrait pas dans l'esprit des gens de langage sémitique. La façon de penser des Akkadiens les portait plutôt vers les idées abstraites religieuses, politiques ou administratives, que vers les arts ; de telle sorte que, dans la propagation de l'influence chaldéenne chez les peuples voisins, il doit être fait deux parts dont les limites, d'ailleurs, ne sont pas aisées à définir, car dès une très haute antiquité les aptitudes de ces deux éléments, complexes eux-mêmes, se sont confondues pour former un tout complet. C'est à cette fusion de deux peuples aussi dissemblables qu'est due la grande supériorité de la civilisation babylonienne, ce n'est pas douteux ; et si dans la culture égyptienne nous rencontrons, dès les origines, ce même dualisme de conceptions, il semble que les principes en soient dus, comme en Chaldée, à plusieurs éléments ethniques différents, mais agissant ensemble.

Nous ne connaissons malheureusement que fort peu de chose des pensées philosophiques et religieuses des prépharaoniques, parce que nous ne savons pas interpréter les nombreux indices que nous révèlent les découvertes archéologiques ; aussi sommes-nous obligés de nous en rapporter aux faits matériels pour nous guider dans la recherche des origines.

La vallée du Nil n'a pas été le lieu d'incubation de sa civilisation historique ; car nous n'y rencontrons aucune trace de ces tâtonnements qui, forcément, précèdent les découvertes. Tous les principes existent chez les prépharaoniques : ceux de la métallurgie, de la construction, de la céramique, et l'écriture hiéroglyphique paraît toute formée. L'œuvre des Égyptiens ne portera donc que sur le perfectionnement de connaissances initiales, et il en est de même pour l'Élam et la Chaldée, pour le monde égéen. On ne peut pas s'empêcher de considérer l'Asie antérieure, l'Égypte et l'Égéïde comme constituant une région privilégiée, un point lumineux au milieu des ténèbres qui couvraient alors le monde entier, et de penser que, dans les divers districts de cette aire de progrès, l'impulsion initiale est partie d'un même foyer.

A partir de ce centre, qui nous est encore inconnu, mais dont nous commençons à sentir quelle était la position géographique, le rayonnement a-t-il été direct en ce qui regarde l'Égypte, ou secondaire ? Les principes sont-ils venus sans intermédiaires, ou l'Égypte ne les a-t-elle tenus que de seconde main ?

Quand on compare les œuvres artistiques archaïques de l'Élam et de la Chaldée à celles de l'Égypte primitive, on est frappé des similitudes sans nombre qu'on rencontre non seulement dans l'exécution de ces œuvres, mais dans la conception de leur ensemble, dans la composition des motifs, des tableaux, des attitudes des personnages. L'art, dans la vallée du Nil, a certainement obéi, dans ses débuts, aux mêmes directives que celui de la plaine de l'Euphrate et du Tigre ; on en demeure plus encore convaincu quand on met en parallèle deux conceptions de l'esthétique certainement étrangères l'une à l'autre, comme le sont les goûts de l'Occident asiatique et ceux de l'Extrême-Orient, comme ceux de la Grèce et ceux du nouveau monde.

Parmi les nombreux monuments antiques que nous possédons,

tant de l'Égypte que la Chaldée et de l'Élam, nous sommes malheureusement bien loin de disposer des œuvres d'art primitives ;
dans la plupart des cas, surtout en Chaldée, nous n'avons, jusqu'ici,
rencontré que des produits artistiques secondaires, que des répli-
ques de sujets plus anciens, c'est-à-dire de bien des siècles postérieurs
aux premiers essais des artistes. Mais ce défaut de parallélisme
chronologique dans les termes de comparaison ne doit cependant
pas nous arrêter ; car, en Asie comme en Égypte, la persistance
du traditionnalisme était telle, que souvent, à plusieurs millénaires
de distance, on retrouve les mêmes compositions, sans aucun chan-
gement. Je donnerai comme exemple cette représentation du pharaon frappant de sa masse d'armes un captif qu'on voit sur la
plaquette d'ivoire du tombeau de Negadah, sur les stèles du Sinaï,
sur les pectoraux de Dahchour (XIIᵉ dynastie), sur les murs des
temples sous la XVIIIᵉ dynastie à Thèbes, et plus tard encore.

A ce point de vue l'Égypte est plus favorisée que la Chaldée,
parce que les fouilles, dans la vallée du Nil, ont été menées avec
beaucoup plus d'activité qu'en Asie; aussi possédons-nous beaucoup de
motifs artistiques très archaïques de l'Égypte, alors que les mêmes
sujets ne sont généralement représentés en Chaldée et en Élam que
par des monuments moins anciens.

En Chaldée, si nous en jugeons par les précieuses œuvres
archaïques que nous possédons, les scènes, d'une grande naïveté
d'exécution, dénotent cependant, de la part des artistes, un sens
profond de la synthèse et, bien que chez certains peuples, comme
en Élam, la stylisation ait été, à l'origine, poussée jusqu'à ses
extrêmes limites, l'art chaldéen est bientôt devenu naturiste, souple
dans ses mouvements, raidi seulement par l'inhabileté du sculpteur : la stèle triomphale de Naram-Sin montre toutes les qualités
de composition synthétique et d'exécution auxquelles pouvaient
atteindre les artistes chaldéens. En Égypte, au contraire, dès que
paraît le dessin, on sent dans les œuvres une raideur voulue. C'est
que, dans la vallée du Nil, l'idéal semble avoir été de réduire

l'art à l'état de formule et d'accorder à l'exécution la prépondérance sur la composition.

Parmi les monuments chaldéens les plus anciens, la *Stèle des Vautours* est, sans contredit, l'un des témoins les plus précieux de l'art archaïque qui soit parvenu jusqu'à nous. On y voit, en même temps que des figurations d'une grande naïveté, des textes encore très voisins de l'hiéroglyphe, il est vrai, mais montrant une écriture dont les principes sont fixés et une langue déjà savante, appartenant à la famille sémitique. Ce précieux monument, malgré sa haute antiquité, appartient donc à une époque bien postérieure à l'arrivée des Sémites en Chaldée. La langue sumérienne, au moins dans les rédactions officielles, avait déjà fait place à l'akkadien.

En Égypte, les monuments d'ordre artistique sont beaucoup plus primitifs et, certainement aussi, plus anciens que ceux dont nous disposons en Asie, et il en est de même pour les constructions architecturales. Quant à l'écriture, on peut, jusqu'ici, considérer le texte que porte la plaque d'ivoire du tombeau de Negadah comme étant le plus ancien texte connu. Les signes hiéroglyphiques sont déjà nettement formés ; quant à la langue, autant qu'on en peut juger par les quelques mots que porte ce précieux document, assurément elle était déjà fixée.

Ainsi, sous les premiers princes de la première dynastie pharaonique, alors que les Égyptiens, bien qu'ils connussent le métal, le cuivre, faisaient encore largement usage d'instruments de silex ; le système d'écriture pharaonique était déjà passé dans les usages, tout au moins à la cour des rois.

Il résulte de ces constatations que le contact entre les Asiatiques et l'Égypte doit être considéré comme ayant de beaucoup précédé l'époque de la *Stèle des Vautours* et celle du roi Ménès. Ni en Égypte, ni en Chaldée nous ne rencontrons de ces essais auxquels on a dû se livrer forcément pour en arriver à la fixation précise de la pensée. C'est donc ailleurs que dans ces deux régions qu'il faut aller chercher les principes de l'écriture.

Les signes cunéiformes, comme les hiéroglyphes, comme les caractères proto-élamites, descendent, cela ne peut faire de doute, de la pictographie, peut-être même d'un seul système, qui aurait été commun à tous les Asianiques: Hétéens, Crétois et autres, et, chez certains de ces peuples, plus ou moins tôt ou plus ou moins tard, il se serait produit une évolution vers l'hiéroglyphe suivant les nécessités imposées par les langages divers. La stylisation des peintures de la céramique archaïque susienne n'est-elle pas, d'ailleurs, déjà une tentative vers une figuration conventionnelle de certaines pensées? Les lieux où se manifestent les premiers essais d'écriture, les temps auxquels ces témoignages remontent sont trop proches les uns des autres pour qu'on puisse attribuer une origine pictographique différente à chaque type d'écriture.

J'ai parlé de la plaque d'ivoire du tombeau de Negadah, sur laquelle est figuré un roi frappant de sa massue la tête d'un captif; or, ce même motif se retrouve à Suse sur un bas-relief d'époque moins ancienne, et les deux représentations semblent avoir été calquées l'une sur l'autre.

Ailleurs, sur une plaque de schiste du Musée Britannique, on voit une scène dans laquelle les vainqueurs massacrent leurs prisonniers, tandis qu'un lion, des vautours et des corbeaux sont occupés à dépecer les cadavres, et ce tableau se retrouve, dans les moindres détails, sur des sculptures asiatiques de diverses époques très anciennes, tant à Tello qu'à Suse.

Assurément, en ces temps d'affreuse barbarie, ces massacres, qui terminaient toutes les guerres, offraient aux artistes des motifs très dramatiques, de nature à rehausser le prestige du souverain, à répandre chez ses adversaires la terreur de ses armes; mais aurait-on représenté ces horreurs d'une manière absolument identique dans les deux pays, en réduisant leur figuration à la plus habile des synthèses, si, dans l'une des deux régions, le sujet n'avait pas été traité dans un monument typique qui, plus tard, servit de modèle aussi bien en Chaldée qu'en Égypte?

La plus ancienne construction architecturale datée de la vallée du Nil, et, fort probablement aussi, de tout l'Orient, est, sans contredit, la tombe royale de Negadah, que MM. G. Jéquier, G. Legrain et le professeur A. Wiedemann, qui assistaient aux fouilles en mars 1897, ont attribuée au roi Ménès, premier pharaon de la Iʳᵉ dynastie, et que, plus tard, l'école allemande, rejetant cette détermination sans raisons plausibles, a donnée à la reine Neithétep, femme de Ménès. Quoi qu'il en soit, sa très haute antiquité n'est pas mise en doute.

Ce monument, construit en briques crues, présente, en plan, la forme d'un rectangle. Il mesure cent coudées babyloniennes de longueur, c'est-à-dire 53ᵐ99, et cinquante coudées de largeur, soit 26ᵐ99. La surface jadis couverte, de 1458 mètres carrés, était partagée en vingt et une chambres, communiquant autrefois entre elles, mais dont les portes avaient été soigneusement murées lors de l'inhumation et de la crémation qui l'avait suivie. Le corps avait été placé dans la chambre centrale.

A première vue, cette construction semblait être composée de gros murs pleins, faits de maçonnerie homogène ; mais, au cours des fouilles, une partie de l'enceinte extérieure s'étant écroulée, un système compliqué, très original, de motifs architecturaux se montra. Les quatre murailles extérieures apparurent comme étant composées de deux murs appliqués l'un contre l'autre, de telle sorte qu'avant la construction du revêtement externe, on voyait, sur les quatre faces du monument, une succession régulière de rentrants et de saillants très compliqués, et d'un agréable effet au point de vue décoratif.

Quel pouvait être le but de ce singulier dispositif ? Pourquoi l'avait-on dissimulé après l'avoir construit ? D'une part, les saillants ne peuvent être considérés comme jouant le rôle de contreforts, étant trop rapprochés les uns des autres et trop ornés : d'autre part, l'application d'un revêtement externe dispensait des saillants de soutien, et ces saillants n'avaient pas, ou n'avaient plus, un but ornemental, puisqu'on devait les soustraire à la vue.

Ces deux interprétations devant être écartées, nous sommes amenés à penser que ce type de construction était imposé par des traditions mystiques, et ce qui confirme dans cette opinion, c'est que ce dispositif a survécu pendant bien des siècles dans les monuments funéraires égyptiens.

Si nous suivons ce mode d'ornementation au cours des temps, nous le voyons non seulement paraître dans certaines sépultures de l'Ancien Empire, à Regagnah, Abydos, Saqqarah, mais aussi se perpétuer dans la forme des sarcophages en pierre dure du Moyen Empire et des caisses à canopes qui les accompagnent dans les tombeaux. Puis, après le Moyen Empire, ce dispositif disparaît, ou du moins devient de plus en plus vague, pour cesser de se montrer quand survient le cercueil anthropoïde.

L'étude attentive des sarcophages des pharaons Amenemhat et Ousertésen, princes de la XIIe dynastie, est fort instructive à cet égard, et plus particulièrement celle de celui d'Ousertésen III, qui se trouve encore dans les appartements funéraires de ce roi, à Dahchour. Cette grande cuve de pierre dure montre, à n'en pas douter, que le sculpteur a voulu figurer soit une habitation aux murailles ornées de saillants et de rentrants, soit l'enceinte d'une ville avec ses tours et ses portes; mais cette seconde hypothèse doit être abandonnée, parce que les redans, de plan compliqué, ne représentent pas des tours, mais bien de simples ornements architecturaux. Il est à remarquer que ce dispositif ne se rencontre, aux temps historiques, ni dans l'architecture civile ou religieuse, ni dans les représentations des murailles jouant un rôle militaire. Les fortifications d'El-Kab, entre autres, sont dépourvues de tours et de redans.

Toutes ces explications étant écartées, il ne reste plus que celle des exigences religieuses. Il s'ensuit qu'à Negadah, le pharaon Ménès (ou sa femme Neithétep) s'est fait brûler, après sa mort, dans l'image de son palais, entouré de ses richesses, de tous les biens, de toutes les provisions nécessaires pour la vie d'outre-tombe.

Lors de leur déblaiement, les diverses chambres du tombeau de

Negadah renfermaient encore les restes calcinés d'un mobilier funé-
raire très riche pour cette époque : c'étaient de grands couteaux en
silex, des couperets, de petits instruments de pierre qui paraissent
avoir été en usage pour la toilette, le tout d'une habileté de travail
consommée, des débris de meubles ou de coffrets en ivoire et en
ébène, quelques rares fils de cuivre rouge, des figurines en ivoire,
en cristal de roche, représentant des lions, des chiens et des poissons, une grosse perle d'or en spirale, d'une remarquable exécution,
une multitude de fragments de vases d'argile, de granit, de syé-
nite, de quartz hyalin, d'obsidienne, qui, assurément, avaient été
brisés à l'avance, enfin de grosses jarres de terre grossière, fermées
par un bouchon d'argile portant l'empreinte du cylindre-cachet
royal, renfermant encore du blé calciné, des pépins de raisin, des
résidus de substances animales ou végétales indéterminables.

Mais le dispositif architectural du tombeau de Negadah n'est
pas spécial à l'Égypte ; on rencontre aussi le même mode d'ornementation extérieure en Chaldée, à Tello, à Moughaïr (Ur), et là,
non plus, sa décoration architecturale en redans ne peut être attribuée à des contreforts, les saillants étant beaucoup trop rapprochés
les uns des autres. L'originalité de cette disposition, les considérations dans lesquelles je suis entré à son sujet, et son existence en
Égypte et en Chaldée, obligent à voir dans ce dispositif une
conception commune à la vallée de l'Euphrate et à celle du Nil, et
la mesure usitée pour la construction du monument de Negadah
est fort convaincante quant à l'origine asiatique des constructions
de ce genre.

Le monument de Negadah n'a pas livré de ces stèles de calcaire,
grossièrement sculptées, ne portant que le nom du personnage,
telles que celles dont les fouilles d'Abydos ont fourni tant d'exem-
plaires ; il n'a pas donné, non plus, d'instruments métalliques, bien
que le cuivre fût alors connu. Mais l'habileté avec laquelle les
roches les plus dures avaient été façonnées en vases, en figurines,
la maîtrise des tailleurs de silex, donnent une haute idée de la civi-

lisation à laquelle étaient parvenus alors les gens de la Haute-
Égypte dès l'aurore des temps pharaoniques, et les substances
minérales dont cette sépulture princière nous décèle la connaissance
impliquent, de la part des contemporains et des sujets de Ménès,
des relations commerciales fort étendues, car ni l'or, ni le cuivre,
ni le quartz hyalin, ni l'obsidienne ne se rencontrent à l'état naturel
dans la région du Nil.

L'obsidienne, ou verre de volcan, ne peut se trouver en Égypte,
contrée formée de couches sédimentaires ; on l'apportait donc du
dehors. Cette substance se trouve dans les îles de la mer Égée,
entre autres à Milo, dans la Transcaucasie, le Nord de la Perse,
sur les pentes des volcans éteints, en Abyssinie, et peut-être aussi
en Arabie, dans les massifs éruptifs qui bordent la mer Rouge.
C'est probablement par transmission de mains en mains, plutôt que
par contact direct, que cette matière est parvenue dans le Saïd.

La sépulture de Negadah renfermait, on l'a vu, les inscriptions
sommaires de la plaque d'ivoire et les empreintes de cylindres sur
les bouchons d'argile. Il faut ajouter cependant que sur quelques
tessons de vases étaient gravés parfois trois signes semblables, des
oiseaux, et que de petites plaquettes d'ivoire, des étiquettes por-
taient aussi quelques signes, ceux sur lesquels les Allemands se
sont appuyés pour attribuer à la reine Neïthétep le tombeau. C'est
là tout ce que ce grand monument nous a donné comme textes. Il
n'en a pas été de même à Abydos, dans les tombes des successeurs
de Ménès : là chaque prince avait sa stèle ; mais, en dehors de ces
inscriptions rudimentaires, on a rencontré fort peu de textes, même
du plus grand laconisme.

C'est aux environs de l'époque de Ménès, plutôt avant qu'après,
qu'il faut ranger l'usage de ces superbes instruments archaïques qui
font l'honneur des musées ; mais ce n'est pas ici la place de reprendre
la description de ces merveilles ; je ne parlerai donc que de quel-
ques-uns de ces grands couteaux de silex, étonnants par l'habileté
inouïe dont ils témoignent de la part des véritables artistes des

mains desquels ils sont sortis. C'étaient là, d'ailleurs, des lames de prix, car on en voit qui sont montées en or ou en ivoire ; d'autres étaient certainement ornées de manches de bois finement travaillés ; mais ces matières périssables ne nous ont pas été conservées.

Chez tous les peuples, qu'ils soient modernes ou préhistoriques, faisant usage de couteaux de silex, on avait coutume de garnir d'un manche ou d'un enveloppement la partie de la lame qui devait être saisie par la main ; en Égypte les deux modes étaient en usage : certains de ces couteaux sont entourés de peau ou d'or ; d'autres sont engagés dans une sorte de manche très court, fait d'os ou d'ivoire.

L'un de ces couteaux, qu'en 1896 j'ai acquis pour le Musée du Caire, est garni, à la base, d'une feuille d'or qui fait le tour de la lame et dont les deux extrémités sont embouties. Cette feuille métallique est couverte d'une ornementation au repoussé, représentant des animaux et des fleurs.

Un autre de ces instruments, découvert par M. Henri de Morgan, au cours de recherches qu'il exécutait pour le compte du Musée de Brooklyn, montre une sorte de manche en ivoire, pièce sculptée avec une rare perfection, figurant en relief des théories d'animaux se suivant en lignes horizontales ; on y voit toute la faune de l'Égypte à l'époque des dynasties thinites : ce sont des éléphants, des hippopotames, des bœufs, des ânes, des chèvres, le lièvre, la gazelle, l'antilope, la chèvre de la montagne, le chien, le loup, le lion, le chacal, l'hyène, le sanglier, l'autruche, et bien d'autres animaux dont certains étaient domestiqués ou apprivoisés, d'autres à l'état sauvage. C'est là un document bien précieux pour notre compréhension de ce qu'était la vie matérielle des pré-pharaoniques et des gens contemporains des premières dynasties.

En ce genre, et de la même époque, le Musée du Louvre possède un objet d'importance capitale en ce qui regarde l'influence de l'Asie sur le goût prépharaonique : c'est un couteau de silex garni d'un manche d'ivoire soigneusement sculpté[1]. Sur l'une des faces de ce manche, on voit, en haut, une scène de bataille et, au-dessous de ce tableau, des barques rappelant celles qui figurent sur les vases peints de la Haute-Égypte, sur un tesson de Suse et sur les cylindres archaïques de l'Élam. Quant à l'autre face, elle montre des animaux : un lion dévorant un bœuf, motif qui, de l'Asie, est passé dans le monde hellénique, des bouquetins ou des antilopes, des chiens portant le collier et, par conséquent, domestiqués, enfin, au sommet, un personnage luttant contre deux lions dressés, sujet courant sur les très anciens cylindres de la Chaldée classique dans la légende de Gilgamech. Ce personnage porte une longue barbe, un bonnet bordé d'un rouleau, semblable aux coiffures des hommes figurés en statues ou sur les bas-reliefs de la Chaldée ; il est vêtu d'une longue jupe ouverte sur le devant : type physique et costume sont franchement asiatiques. Or, cette curieuse pièce provient de Gébel-el-Arak, en Haute-Égypte.

Certainement les archéologues qui ont exploré les nécropoles archaïques du Saïd ont fréquemment rencontré de ces grandes lames de silex emmanchées d'ivoire, et les représentations qu'on voit sur ces curieuses pièces présentent toutes les mêmes caractères ; mais il n'en est pas dont les scènes soient aussi concluantes que celles dont il vient d'être parlé.

Il est à remarquer qu'aucun de ces petits bas-reliefs ne montre de textes hiéroglyphiques, même des plus rudimentaires. Ces objets appartiennent donc franchement à la période prépharaonique, tout comme la plupart des plaques de schiste sculptées qu'on voit dans les musées ; toutes les plaques, cependant, ne sont pas anépigraphes : il en est qui portent des signes hiéroglyphiques ; leur usage s'est donc conservé au cours de la période thinite, alors que celui des grandes lames de silex emmanchées avait disparu devant l'emploi des instruments métalliques.

1. V. *Monuments et Mémoires* (*fondation Eugène Piot*), t. XXII, p. 1 et suiv.

IV

DES ORIGINES HISTORIQUES.

Il ne m'appartient pas d'entrer dans des considérations épigraphiques au sujet de l'établissement du régime pharaonique et de la constitution de l'empire; ceci est du domaine des égyptologues. Je me contenterai donc d'exposer, dans leurs grandes lignes, les déductions auxquelles conduisent les découvertes archéologiques.

A Negadah, deux tombes royales seulement avaient été construites, et nous pouvons penser que toutes deux appartenaient à l'époque de Ménès : l'une d'entre elles, bâtie sur le sol, était celle du premier pharaon des deux Égypte ; quant à l'autre, située non loin de la première, elle avait été creusée dans les alluvions durcies et, plus tard, avait été si complètement spoliée, qu'il ne restait plus en 1897 qu'une fosse béante. Aucune conjecture n'est donc permise, quant au nom du prince ou de la princesse dont cette tombe a renfermé les restes.

Après le règne de Ménès et la consolidation du régime pharaonique, les souverains choisirent, comme lieu de leur sépulture, les terrains sacrés d'Abydos, site célèbre par les légendes osiriennes qui s'y rattachaient ; c'est ainsi que sous les deux dynasties thinites Abydos fut la nécropole des rois.

Il est peu probable que ces princes aient habité ce district ; car, étant les maîtres de la Haute et de la Basse-Égypte, ils ne se sont certainement pas confinés dans la Thébaïde; mais il est impossible, cependant, de méconnaître le grand rôle qu'a joué la Haute-Égypte dans la préparation de cette culture si spéciale des temps pharaoniques.

Dès la Iʳᵉ dynastie, nous voyons le roi Sémerkha, ou Mersékha, graver son nom sur les rochers de Wadi-Maghara, au Sinaï. Ce prince porte la couronne de la Haute-Égypte et celle du Delta :

preuve qu'il régnait aussi bien sur la Basse que sur la Haute-Égypte, et qu'il veillait à la sécurité de sa frontière asiatique.

D'Abydos la nécropole royale s'est transportée, plus tard, dans le désert voisin de Memphis. C'est alors que commence la grande civilisation de l'Ancien Empire, avec ses superbes mastabas, ses belles statues polychromes, ses bas-reliefs peints.

Par quelle voie, dans les temps prédynastiques, les Asiatiques ont-ils pénétré dans la vallée du Nil ? Les égyptologues ne sont pas d'accord à cet égard; cependant si l'on tient compte des possibilités géographiques et de l'enchaînement des événements asiatiques, il est bien difficile d'accepter une autre voie que celle du Delta; qui plus est, bien que les données que fournit l'épigraphie soient encore discutées, la stèle de Palerme et le papyrus de Turin mentionnent des princes antérieurs à Ménès, qui auraient régné sur le Delta.

Nous ne possédons, malheureusement, dans les documents épigraphiques parvenus jusqu'à nous, que des indications bien vagues quant aux événements qui ont précédé le règne de Ménès, et Manéthon, cité par Eusèbe, n'apporte pas de clarté dans notre documentation par les textes: il cite au moins trois groupes de rois, les uns de la Basse, les autres de la Haute-Égypte. Sur la pierre de Palerme figurent les noms de cinq rois portant la couronne rouge, c'est-à-dire de la Basse-Égypte, alors que le fragment du Caire indique quatre princes coiffés de la couronne blanche, c'est-à-dire de la Haute-Égypte. Ces deux textes tendraient à prouver qu'il existait deux royaumes distincts et que Ménès les aurait réunis pour constituer son empire.

Quant au papyrus de Turin, il donne le détail des précurseurs de Ménès, les Shem-Sou-Hor; mais certains signes de ce document sont d'une interprétation très douteuse. Il faut donc attendre la découverte de nouveaux textes pour être à même de se prononcer d'une façon sûre quant aux précurseurs des pharaons thinites.

Plus tard, aux temps historiques, quand des Asiatiques sont venus dans la vallée du Nil, c'est toujours par la Syrie ou le

Haurân et la presqu'île du Sinaï qu'ils sont arrivés, par un chemin dont ils avaient probablement conservé le souvenir dans leurs traditions.

Si les prépharaoniques ont pénétré en Égypte par le Delta, pourquoi sont-ils remontés jusqu'à la Thébaïde ? Telle est la question que posent bien des égyptologues. C'est, vraisemblablement, parce les princes voulaient assurer la soumission des tribus du Sud et la sécurité de leur frontière sur le Haut-Nil; puis, l'œuvre dont ils poursuivaient l'exécution étant accomplie, ils sont redescendus dans les régions fertiles et riches de la basse vallée du Delta.

En 1896, l'histoire de l'Égypte, basée sur les textes, grâce à la découverte de Champollion, s'arrêtait à la IIIe dynastie. Pour beaucoup d'égyptologues, l'existence même des dynasties dites thinites était légendaire et se confondait presque avec celle des dynasties divines ; l'ensemble des origines se perdait au milieu des incertitudes de la fable. C'est au cours de cette année 1896, et pendant l'année suivante, que la lumière s'est faite, que la légende, après cinq ou six mille ans, est rentrée dans la réalité. La préhistoire de l'Égypte, entrevue déjà par quelques esprits méthodiques, s'est révélée tout à coup, et les premières dynasties sont sorties de l'oubli. Ainsi, quatre-vingts ans après que Champollion eut fait part à l'Académie de son incomparable découverte, son œuvre était parachevée. Aucun doute ne peut plus exister, quant à la préhistoire et à la protohistoire de la terre des pharaons.

Mais l'égyptologie — *sensu lato* — dépasse aujourd'hui les bornes de la linguistique ; elle rentre dans le domaine général des origines de l'humanité, problème d'une effrayante étendue, à la solution duquel toutes les branches de la science sont appelées à concourir en interprétant les documents que seules les découvertes archéologiques sont à même de fournir. C'est de l'ensemble des faits, de l'observation des lois naturelles, qu'il faut attendre les précisions que réclame notre esprit. L'Égypte, au delà de l'histoire, n'est plus qu'une province dans cet ensemble des pays auxquels nous devons

les premiers pas de la civilisation moderne, mais une province
prodigieusement ancienne, si nous nous en rapportons aux vagues
données chronologiques qui nous sont parvenues par Eusèbe, et
auxquelles les fragments épigraphiques que nous possédons ne
semblent pas contredire.

J. DE MORGAN

9 782329 041964